CONSIDÉRATIONS

SUR

L'ÉTAT POLITIQUE DE L'EUROPE,

SUR CELUI DE LA FRANCE,

SUR LA CENSURE ET LES ÉLECTIONS,

OU

SUPPLÉMENT

AUX DOCUMENS HISTORIQUES DE M. KÉRATRY;

PAR M. A. JAY.

TROISIÈME ÉDITION.

PARIS.

BAUDOUIN FRÈRES, IMPRIMEURS-LIBRAIRES,

RUE DE VAUGIRARD, N° 36.

1820.

La brochure que M. Kératry a publiée est un service éminent que cet honorable député a rendu à ses concitoyens et à la cause nationale. Son ouvrage, qui renferme des vérités courageuses exprimées avec verve et avec talent, a obtenu un succès de vogue et d'estime, compensation plus que suffisante des attaques inconsidérées et des injures dont l'auteur a été l'objet. M. Kératry a développé des points très-importans; mais il en a seulement indiqué d'autres sur lesquels je hasarde aujourd'hui quelques réflexions. J'ai pensé qu'il était utile de revenir sur la politique générale de l'Europe, sur la conduite du ministère français, sur la censure et les élections. Il est pénible de voir qu'on fasse tant d'efforts pour établir un faux et dangereux système de gouvernement, tandis qu'il serait si facile de consolider la monarchie constitutionnelle, de faire le bonheur d'une nation grande et généreuse. Il ne faudrait pour arriver à ce but que de la bonne-foi et des lumières; ces deux conditions sont indispensables. L'époque est arrivée où tous les amis des institutions libérales doivent favoriser le développement de l'opinion publique, expression des intérêts nationaux. Plus l'autorité oppose d'obstacles à cette expression, plus on doit mettre d'énergie dans sa manifestation. C'est à la fois servir la patrie, le monarque et la liberté.

SUPPLÉMENT

AUX

DOCUMENS HISTORIQUES

DE M. KÉRATRY.

LE spectacle que présente aujourd'hui l'Europe agitée, excite plus d'intérêt que de surprise. Les événemens d'Espagne, de Naples, du Portugal, les révolutions qui se préparent, dit-on, en Italie, sont les résultats naturels du système politique adopté par quelques puissances, imposé à d'autres. L'aristocratie européenne recueille les fruits du congrès de Vienne. « L'injustice produit l'indépendance. » Il ne sera plus permis de contester la vérité de cette maxime ; chaque jour lui donne un degré de plus d'autorité.

Ce qui remue les peuples à l'époque actuelle, c'est évidemment le désir d'échapper à toute influence extérieure, c'est le besoin de l'indépendance. La Russie, l'Angleterre, l'Autriche et la Prusse, inopinément victorieuses d'un pouvoir jusqu'alors supérieur à toutes les résistances, oublièrent à l'instant les principes qu'elles avaient professés, les promesses qui avaient rallié sous leurs drapeaux les nations impatientes du joug étranger. On lisait dans leurs proclamations officielles que les puissances belligérantes avaient été amenées sur le champ de bataille par les motifs les plus nobles et les plus désintéressés ; il s'agissait de se soustraire à la domination d'un conquérant dont le despotisme menaçait la civilisation de l'Europe, de faire rentrer la France dans ses limites sans qu'elle cessât d'être forte et puissante, d'assurer aux peuples leurs droits légitimes, d'introduire la justice dans les conseils des princes, de rendre le pouvoir auxiliaire des libertés publiques. Ces paroles magnanimes relevèrent tous les courages, enflammèrent toutes les passions généreuses; les armées des rois devinrent l'avant-garde des peuples; l'opinion toute puissante rappela la victoire sous des étendards qu'elle avait si long-temps oubliés; le géant fut abattu.

Rien ne s'opposait à l'exécution des projets si heureusement conçus dans l'intérêt des peuples et dans celui des rois. Il n'était question que de vouloir. Chaque État, autrefois indépendant, s'attendait à recouvrer son indépendance; les nations qui gémissaient sous le poids des priviléges, s'apprêtaient à recevoir les bienfaits du droit commun. Comment de si justes espérances ont-elles été trompées? Pourquoi la politique a-t-elle sitôt rompu son alliance avec la morale? C'est un point facile à résoudre.

Si les souverains, livrés à eux-mêmes, n'avaient écouté que leurs propres inspirations, ou si des conseillers, assez habiles pour être justes, avaient alors manié les affaires et dirigé les négociations, sans doute les nouveaux besoins des peuples eûssent été pris en considération, on n'eût abusé ni de la faiblesse des uns, ni de l'imprévoyance des autres; tous les droits auraient été reconnus, enfin l'Europe aujourd'hui libre et heureuse jouirait d'un repos garanti par de grandes et nobles institutions.

Il n'en fut pas ainsi. Un intérêt qui n'est ni celui des trônes, ni celui des nations, l'intérêt d'un ordre abusif, l'intérêt des priviléges l'emporta sur l'humanité et la justice. Les ministres plénipotentiaires appartenaient à cette classe d'hommes qu'offense l'égalité civile, qui ne veulent de liberté que pour eux-mêmes, qui, pour s'assurer une prééminence oppressive, substituent les prérogatives de la naissance aux droits du mérite, et dont l'orgueil n'est point humilié de tout devoir au hasard. Ces ministres s'emparèrent des destinées de l'Europe. Telle est la malheureuse condition des rois; la flatterie assiége les avenues du trône et ferme tout accès à la vérité : les chefs des nations ne voient alors les objets que sous un jour trompeur; ils ne peuvent éviter les piéges tendus à leur bonne foi; ils veulent le bien, et ce qui est mal reçoit trop souvent leur sanction; ils croient même agir avec liberté lorsqu'ils ne font que servir les passions ou favoriser les vues de quelques ministres avides de richesses, de dignités et de pouvoir.

Les négociateurs des grandes puissances, rassemblés à Vienne, sentirent que s'ils faisaient droit aux justes réclamations des peuples, s'ils pesaient dans la balance de la justice les diverses prétentions des gouvernemens; s'ils prenaient l'équité pour base de leurs décisions, la cause de l'aristocratie privilégiée était en péril. Ils comprirent qu'en assurant la paix du monde, ils laissaient une libre action à la pensée, préparaient sans secousses les réformes exigées par l'état actuel de la civilisation; raffermissaient les dynasties ébranlées et repoussaient au loin les orages des révolutions. Il n'y avait point à balancer; tout fut sacrifié à l'ambition et à l'orgueil. L'Europe, remaniée à la façon des Metternich et des Castlereagh, fut façonnée de manière qu'aucune nation ne se trouvait au repos, que tous les intérêts étaient déplacés et que le présent renfermait toutes les menaces de l'avenir. Ainsi, l'Espagne se vit privée des libertés qu'elle avait conquises avec tant d'héroïsme; la Belgique fut attachée de force à la Hollande; la Saxe fut démembrée; un général anglais régna en Portugal; un général autrichien dicta des lois à Naples; Gênes, Venise réclamèrent en vain leur indépendance, et l'empereur de Russie posa sur sa tête la couronne de Sobiesky.

Quel fut le premier résultat de cet ordre ou plutôt de ce désordre politique? c'est qu'aucun gouvernement ne put réduire son état militaire. Ces masses d'hommes armés, réunis et entretenus à grands frais, qui épuisent la substance des peuples, et qui sont la dernière ressource du despotisme, restèrent sous le drapeau. On imagina que cet appareil de terreur et de destruction contiendrait le mécontentement des peuples, emprisonnerait la pensée dans le cœur des hommes libres, que l'opinion se tairait devant les baïonnettes, que l'esprit humain suspendrait la majesté de sa marche devant le bronze homicide. Vain espoir! Séparez la force morale de la force matérielle, celle-ci n'est plus qu'une vaine apparence. D'ailleurs, est-ce par des persécutions, des proscriptions, des tortures qu'on peut étouffer la vérité, anéantir les principes de la justice, empêcher le développement naturel des opinions fondées sur la raison? Non sans doute; cette erreur a déjà coûté assez cher à l'humanité. Que n'a-t-on pas fait pour détruire la religion réformée? que de guerres cruelles, que de sang versé au nom du Dieu de paix? Pendant deux siècles, l'Europe fut le théâtre de ces luttes infernales; et toutefois le protestantisme s'est élevé malgré les bourreaux; il a grandi au milieu des bûchers dévorans; il a bravé l'exil, la confiscation, la mort, et règne aujourd'hui sur de vastes continens. La religion de la liberté n'excitera ni moins de fermeté, ni moins de dévouement.

L'aristocratie européenne ne s'aveuglait pas sur la fausse position des peuples ; elle savait qu'ils supportaient impatiemment la perte de leur indépendance ; elle n'attendait qu'un mouvement insurrectionnel pour déployer toutes ses forces, pour déclarer une guerre ouverte aux doctrines libérales et à leurs partisans. Mais les chefs de cette aristocratie n'avaient pu prévoir que l'Espagne belliqueuse, que l'Espagne indomptée donnerait le signal de l'indépendance, affranchirait son roi du joug d'une cour vénale, et revendiquerait la légitimité des nations. C'est en vain que des tentatives réitérées avaient manifesté la disposition des esprits; Lascy, Porlier étaient morts glorieusement sur l'échafaud ; la terreur semblait glacer toutes les ames, le peuple paraissait plongé dans l'ignorance, le pouvoir arbitraire était exercé dans toute sa plénitude ; aucun murmure ne troublait le sommeil des courtisans ; les jésuites organisaient paisiblement leurs écoles de servitude, l'inquisition couvrait les provinces de ses familiers, la presse était esclave : que d'élémens de repos, que de motifs de sécurité ! Aussi l'Espagne était citée en exemple au reste de l'Europe; c'était l'asile du bonheur, le modèle des gouvernemens. Qu'avait-on à faire, sinon d'entrer dans les mêmes voies, de multiplier les jésuites, d'imposer silence aux amis de la liberté, de placer les trônes sous la protection des bourreaux du saint-office. L'Etat, il est vrai, n'avait plus de ressources; il n'existait point de crédit public, le commerce languissait, l'industrie était nulle, la terre oisive ne se couvrait plus de moissons; mais ces inconvéniens pouvaient-ils entrer en balance avec les avantages du pouvoir absolu et la gloire d'entretenir des légions de moines ?

Tandis que l'encens de l'aristocratie fumait de toutes parts en l'honneur de la Péninsule asservie, tandis que le monarque trompé livrait à la persécution les plus fidèles amis du trône, ceux qui avaient défendu son indépendance au péril de leur vie, une voix inattendue, sortie de l'île de Léon, annonce les vœux de l'Espagne. La nation se réveille à ce cri de liberté; c'en est fait : les vieilles décorations de la servitude disparaissent de ce grand théâtre; le roi est rendu à ses peuples; la faction oligarchique s'évanouit comme une ombre, le règne des priviléges est fini, celui des droits commence.

C'est ici qu'il convient de repousser une de ces imputations calomnieuses, dont les écrivains de l'aristocratie abreuvent leurs imbéciles lecteurs. On dit que les doctrines constitutionnelles sont ennemies de la royauté, qu'il existe une conspiration générale contre les rois, et spécialement contre la dynastie des Bourbons. Voyez l'Espagne, voyez Naples; leurs monarques appartiennent à cette dynastie; ils ont été respectés, ils n'ont perdu de leur pouvoir que les prérogatives usurpées sur le droit commun; ils ont la gloire de régner sur des peuples libres. Une influence étrangère ne domine plus leurs conseils; ce ne sont plus des despotes, ce sont des rois. Heureux princes dont les intérêts se confondent avec les intérêts nationaux, qui exécutent avec franchise et avec probité les clauses du pacte social, qui n'ont point d'arrière-pensées incompatibles avec leurs sermens et leurs devoirs! L'amour des peuples, la sûreté, l'indépendance, la splendeur de leurs trônes en sont la récompense.

J'ai parlé de Naples; la révolution qui vient de régénérer l'antique Parthenope a excité une joie universelle. C'est l'influence de l'Autriche que le peuple napolitain a repoussée: le général Nugent peut rendre témoignage de cette vérité. L'indépendance du trône était attachée à la liberté publique; la nation est libre, la monarchie est indépendante. Dans le siècle où nous sommes, l'un ne va pas sans l'autre. Tout prince qui aura le goût du despotisme, devra s'appuyer sur l'étranger; il n'aura plus à craindre que son peuple et la crise des révolutions.

Le Portugal a suivi l'exemple de l'Espagne et des Deux-Siciles. Le Portugal n'était plus qu'une colonie de l'Angleterre. Cet état humiliant ne convenait point à un peuple généreux. Ce peuple, séparé de son roi par l'Atlantique, n'a point oublié la maison de Bragance qui jadis brisa ses fers. Le nom du monarque a été mêlé aux acclamations constitutionnelles; et les spectateurs auraient pu croire que l'avénement de la liberté était l'avénement du prince au trône de ses pères. Nouvelle réponse aux calomniateurs des nations. Si le mouvement du Piémont n'est point une nouvelle anticipée, les mêmes effets auront produit les mêmes causes. Le désir, le besoin d'exister comme nation indépendante, auront dirigé les intrépides habitans de ces montagnes où la liberté respire comme dans son pays natal. Voilà ce qui arrive lorsqu'on s'irrite contre ce qui est nécessaire, lorsqu'on se débat contre ce qui est inévitable.

J'ai dit qu'en privant certains peuples de leurs droits et les Etats du second ordre de leur indépendance, les ministres du congrès de Vienne avaient compté, selon toute apparence, sur des symptômes de mécontentement, et qu'ils attendaient ce signal, ou plutôt ce prétexte, pour battre aux champs et marcher en bataille rangée contre les doctrines populaires. Ce serait de leur part une haute imprudence, je dirai plus, une folie insigne. Quel terme pourraient-ils assigner à une guerre pareille? Les plaies de l'Europe saignent encore; faudra-t-il les rouvrir et épuiser ses veines pour faire triompher les maximes du pouvoir absolu, pour livrer les peuples et les rois à la merci d'une insolente et vindicative aristocratie? Quels sophismes pourraient colorer une telle agression; quels motifs, dignes d'être avoués, justifieraient l'effusion du sang humain et les effrayantes calamités de cette lutte impie? De quel droit, par exemple, l'Autriche imposerait-elle le despotisme au roi de Naples, à ce roi satisfait de la liberté et heureux du bonheur de son peuple? C'est par de semblables tentatives, c'est en attaquant l'indépendance des peuples, que Napoléon a tourmenté l'Europe, a fatigué la France, et qu'un jour de revers lui a enlevé le fruit de quinze ans de victoires. Les choses changent-elles de nature suivant les passions ou les intérêts des hommes? Ce qui était injuste hier peut-il être juste aujourd'hui? Ah! si la politique autrichienne s'abandonnait à un tel vertige, il ne faudrait pour la condamner que retirer des archives diplomatiques les proclamations si libérales des rois unis contre le despotisme de Napoléon.

A-t-on calculé l'effet que produirait, chez les peuples librement constitués, le premier coup de canon tiré sur la Charte napolitaine? L'aristocratie dit sans doute aux rois qu'une profonde terreur saisirait les nations libres, qu'elles iraient au-devant des chaînes qui leur seraient destinées. C'est une erreur : le danger appellerait le courage. C'est avec des victoires qu'on soumet les peuples esclaves, mais les victoires ne sont que d'infructueuses boucheries, de stériles massacres, lorsqu'un peuple défend son indépendance et ses libertés; la soumission même est trompeuse, le vainqueur est toujours en péril : à peine est-il le maître du sol qu'il occupe, tout est hostile autour de lui; la haine, la vengeance, le désespoir, l'environnent de toutes parts; il se consume par ses propres efforts, il s'affaiblit par ses triomphes;

son plus grand succès est de suspendre, pour quelque temps, l'heure inévitable de sa destruction.

Malgré les bruits répandus et commentés par nos oligarques, je ne saurais croire que l'Autriche, la Prusse ou la Russie, hasardent une pareille expédition. Les monarques de ces contrées reconnaîtront eux-mêmes, dans leur sagesse, que la cause des rois est étrangère au mouvement actuel de l'Europe, et que toute la question est entre le droit et les priviléges. La carrière qu'ils ouvriraient serait immense et pénible à parcourir. L'invasion de l'État de Naples serait un avertissement pour la France, l'Espagne et le Portugal; chacun de ces peuples verrait son indépendance compromise, et ses institutions en danger. A-t-on prévu la fermentation qui en résulterait, les résolutions, peut-être désespérées, qui naîtraient de cette fermentation? Serait-il prudent de mettre en présence le nord et le midi de l'Europe, d'exposer la civilisation à périr dans ce choc effrayant? Croit-on même que l'issue de la lutte peut être douteuse? Au moindre signal de son roi constitutionnel, à la moindre crainte pour ses institutions, la France telle qu'elle est, la France mutilée, affaiblie, opposerait encore une digue insurmontable au torrent hyperboréen. Vous reparaîtriez sur les champs de bataille, illustrés par tant de victoires, braves guerriers dont le cœur généreux palpite au nom de liberté ; vous reparaîtriez terribles comme aux jours de Jemmapes, de Fleurus, de Marengo et d'Austerlitz ; l'Europe reconnaîtrait ses vainqueurs, et votre vaillante épée affranchirait encore le sol de la patrie.

J'aime à le croire ; si l'indépendance nationale était menacée, tous les partis se réuniraient pour la défense commune. Il ne faut pas, toutefois, se dissimuler que la situation intérieure de la France ne soit fâcheuse. La sécurité des citoyens est troublée ; nulle idée de stabilité ne s'attache aux résolutions du gouvernement. On passe d'un système à l'autre sans prévoir le terme de ces fluctuations. La confiance s'éloigne ; il faut le dire avec franchise, cette incertitude, ces inquiétudes réelles tiennent à la marche douteuse du ministère.

Il me paraît démontré que le ministère n'a point de plan fixe ; il s'abandonne aux chances des événemens ; il caresse, peut-être à regret, l'opinion oligarchique, et ses actes équivoques ne satisfont ni les partisans des priviléges, ni les amis de la Charte. Le vœu de la France est connu, la France demande l'exécution complète de la Charte, elle invoque des institutions durables et n'obtient que des lois d'exception, ou, en d'autres termes, l'arbitraire.

La faction des priviléges demande aussi la Charte, mais accompagnée d'institutions contraires à son esprit. « *Lorsque je lis des livres de théologie*, disait le pape Célestin, *je ne comprends plus rien à l'Évangile; et lorsque je lis l'Évangile, je ne comprends plus rien à la théologie* (1). Nos ultrà-royalistes voudraient faire de la Charte ce que les théologiens ont fait de l'Évangile. Écoutez leurs écrivains: on trouve dans la Charte ce qu'ils nomment *les Institutions monarchiques*, c'est-à-dire, tous les abus de l'ancien régime. Laissez-les faire; ils travailleront l'évangile politique des Français de manière qu'on ne pourra plus le reconnaître; certes, ce n'est pas là le vœu national: la France veut la Charte dans toute sa pureté; elle veut l'égalité des droits, la liberté de la presse, la liberté des cultes, le jury indépendant, une organisation municipale dans l'intérêt du peuple, une armée citoyenne, l'égale répartition, le vote libre des impôts, l'économie

(1) Histoire des Papes par Platina.

dans l'administration ; elle veut surtout l'indépendance nationale, sauve-garde des libertés publiques.

Il existe, dit-on, du mécontentement; eh! comment n'en existerait-il pas, lorsque tout semble frappé d'inertie, que tout rétrograde au lieu d'avancer, lorsqu'à peine avons-nous obtenu depuis cinq ans deux lois populaires ; que l'une est abrogée et l'autre menacée ; lorsque l'arbitraire est mis à la place de la justice, lorsqu'enfin une censure honteusement partiale compromet sans cesse la dignité du gouvernement.

Pourrait-on imaginer que sous l'empire de la Charte, il existe un pouvoir qui permet l'outrage, qui autorise la calomnie et qui ne laisse aucun moyen de défense ? M. Kératry en a donné de nombreux exemples; mais il en est qu'il n'a point connus et qui méritent de fixer l'attention.

La censure annoncée par M. Siméon, ministre de l'intérieur, n'avait rien d'effrayant. Voici comment il s'exprimait à la tribune nationale : « Laisser dire tout ce qui est légi- » time dans le but des écrivains, d'après leur » propre jugement, *et quelque opinion qu'en* » *aient les censeurs*, ne rayer que les injures

» et les outrages; tolérer toutes les opinions, » *à moins qu'elles ne soient évidemment con-* » *traires aux principes de la morale, de la* » *religion, de la Charte et de la monarchie;* » abandonner tous les actes de l'administra- » tion et des fonctionnaires à l'investigation » la plus curieuse, au développement de tous » les griefs qui en naissent; mais *protéger les* » *personnes et les fonctions contre des accu-* » *sations mille fois plus redoutables que celles* » *qui sont portées devant les tribunaux;* telles » sont les règles que le gouvernement se pro- » pose de donner à la censure. »

J'ignore si ces règles ont été données; mais je sais, par expérience, qu'elles n'ont jamais été observées. Je ne connais point les censeurs; on dit qu'il se trouve parmi eux deux hommes qui ne manquent ni d'esprit, ni de bon sens; il est vrai que l'un a donné sa démission (1), et que l'autre (2) est sur le point d'abandonner la partie; cela n'importe guère.

---

(1) Le docteur Pariset. M. Kératry a raconté sa bizarre aventure. On n'a pas permis aux journaux d'annoncer sa démission; il est, dit-on, impossible de remplacer un censeur.

(2) M. Auger.

Je ne rappellerai pas les injures, les outrages qu'un nombre assez considérable de députés ont subis par permission de la censure, sans qu'il ait été possible de repousser ces injures et ces outrages. On pourrait croire que la rancune ministérielle était intéressée à ces ridicules vengeances; mais croira-t-on qu'on ait pu défendre la publication d'un article composé en l'honneur de Jeanne d'Arc? Cependant le fait est positif. Voici cet article adressé au *Constitutionnel*, par M. Etienne, l'un des rédacteurs et des propriétaires de ce journal.

Depuis quelques jours il n'est bruit que de la grande fête qui doit se célébrer le 25 août prochain, à Donremi-la-Pucelle, pour l'inauguration de la statue de Jeanne d'Arc. Dans l'ancien régime, pendant la révolution, et sous le gouvernement impérial, la demeure de la libératrice d'Orléans était pour ainsi dire ignorée; quelques voyageurs jetaient à peine un regard distrait sur la chaumière d'où elle sortit pour relever un trône. Qui donc a changé tout-à-coup cette indifférence pour l'héroïne en un véritable enthousiasme? J'ai presque honte de le dire; ce sont des étrangers. Dans la dernière invasion, un régiment prussien fut cantonné à Donremi, et ces militaires, qui sont enthousiastes de la *Jeanne d'Arc* de Schiller, voulurent voir le berceau de celle qui avait fourni à leur poëte de si sublimes inspirations. Tous étaient avides de contempler son berceau ; ils emportaient comme de précieuses reliques un morceau de la pierre calcinée ou du bois vermoulu d'une masure qui tombait en ruines de toutes parts.

Alors les habitans commencèrent à connaître le prix du trésor qui était depuis si long-temps enfoui dans leur village : on voulut même acheter la chaumière à l'indigent qui l'habitait ; vous connaissez son noble refus, et les récompenses éclatantes qu'il lui a fait obtenir. *Le narrateur de la Meuse* a achevé par la publicité ce qu'avaient commencé les Prussiens ; il a fait la fortune du propriétaire et celle du village. Jeanne d'Arc fut définitivement l'héroïne à la mode ; il paraît qu'elle ne trouve plus de cœurs insensibles qu'à votre académie française, où l'on préfère un marquis (1) à un poëte qui a fait applaudir la vierge d'Orléans sur la scène nationale. En Prusse, dans un concours académique, Schiller l'eût certainement emporté sur un ministre et même sur un prince, et cependant l'héroïne de sa tragédie n'est pas Prussienne. Vous verrez que M. Davrigny sera nommé à la première place vacante à l'académie de Weimar.

En attendant, les habitans des Vosges désirent vivement qu'il fasse le voyage de Donremi ; ils regarderaient sa présence comme un des plus beaux ornemens de la fête. On assure qu'une députation de la ville d'Orléans doit y assister ; une multitude d'habitans de la Meurthe, de la Meuse et des Vosges s'y sont donné rendez-vous pour le 25 du mois prochain, et nombre de voyageurs comptent s'y arrêter à leur retour de

---

(1) Le marquis Pastoret.

Plombières. Qui ne serait heureux de voir inaugurer la statue de celle qui délivra son pays du joug honteux de l'Angleterre? Ce sera précisément le jour de la Saint-Louis : jamais la fête d'un roi de France n'aura été mieux célébrée.

Oserais-je demander à M. Siméon ce qu'il y avait dans cet article de contraire *aux principes de la morale, de la religion, de la Charte et de la monarchie*. Serait-ce par hasard la réflexion *sur le joug honteux de l'Angleterre*, qui aurait fait frémir la censure? Eh quoi! tout joug étranger n'est-il pas honteux? En sommes-nous réduits à ce point de ne pouvoir librement exprimer un sentiment national? Je rougis en écrivant ces lignes, car je ne saurais oublier que je suis Français.

On imagine peut-être que les censeurs se contentent de supprimer les articles qui blessent leurs opinions, quoique, suivant M. Siméon, il est de règle qu'ils ne doivent point consulter leurs propres opinions lorsque d'ailleurs les articles sont irrépréhensibles. Le fait suivant prouvera que l'arbitraire ne connaît point de règles. Il y a déjà quelques jours, le correspondant du *Constitutionnel* à Naples écrivit au rédacteur de cette feuille une lettre dans laquelle il racontait les événemens qui se passaient dans ce pays. Il ajoutait ces mots : « *La meilleure intelligence règne entre le roi et le peuple.* » Il serait difficile d'imaginer une phrase moins susceptible d'inspirer des remords au censeur qui en permettrait la publication. L'intérêt « *de la morale, de la religion, de la Charte, de la monarchie,* » n'est compromis ni dans cette nouvelle ni dans sa rédaction. Cependant elle revint de la censure ainsi corrigée et amendée : « La meilleure intelligence *paraît* régner entre le roi et le peuple. » Ainsi, ce qui dans la lettre du correspondant était un fait positif, devint, grâces à la censure, une simple apparence. Voilà comment se font les journaux ; voilà comment on cherche à tromper l'opinion sur les événemens qui occupent l'Europe ; voilà enfin comment les censeurs observent les règles que le gouvernement leur a imposées.

M. Siméon nous avait promis que sa censure paternelle ne ferait grâce à aucune injure, à aucun outrage, à aucune calomnie. La lecture des journaux ultra-royalistes et même ministériels, prouve quotidiennement que les censeurs ne regardent pas cette promesse comme obligatoire ; ils accordent volontiers le droit de passe aux réflexions injurieuses qui ne s'adressent ni à leurs amis, ni à leurs patrons, ni à eux-mêmes. Il n'est si mince scribe de la bande qui ne puisse calomnier à son aise les amis de la Charte. Ce sont des *jacobins*, des *révolutionnaires*, des *conspirateurs* qui soupirent après une subversion totale du gouvernement et de la société; on invoque contre eux des mesures de rigueur; rien n'est oublié de ce qui peut les rendre odieux aux peuples et aux rois.

Fatigué de ces inepties, il me vint un jour en pensée qu'il serait facile d'en faire justice, et plein de confiance dans l'impartialité de la censure ministérielle, je rédigeai à la hâte quelques lignes que j'adressai, selon ma coutume, au *Constitutionnel*. C'était un article de raisonnement où l'on n'apercevait aucune trace d'emportement et nulle personnalité; je n'aime point ces sortes d'attaques; c'est le talent de la médiocrité, et j'ai reconnu que ceux qui le possèdent au plus haut degré sont pour la plupart de pauvres diables qui n'oseraient se nommer, de crainte que leur nom n'ôtât toute espèce de crédit à leurs diatribes. Enfin la réponse est faite et envoyée. La voici textuellement.

LA réfutation des sophismes de l'esprit de faction est une tâche facile. Il ne faut que du bon sens pour en faire apercevoir la faiblesse, et pour éclairer les hommes de bonne foi. La seule chose pénible dans ces luttes quotidiennes, c'est que les sophismes réfutés, les calomnies reconnues, sont reproduits avec une singulière persévérance. Les apôtres de l'aristocratie paraissent infatigables. Il n'est point de proposition si absurde, qu'ils ne soutiennent avec acharnement. Ils se flattent ainsi de lasser la constance des écrivains constitutionnels; cette espérance sera trompée, comme toutes celles qu'ils ont conçues dans un intérêt qui n'est point national.

Nous lisons aujourd'hui dans un journal *ultra*, au sujet des dernières agitations, « *que la monarchie et la révolution se sont encore une fois trouvées en présence.* » Nous avons déjà fait sentir tout le ridicule et toute la fausseté de cette assertion. Nous avons prouvé jusqu'à l'évidence qu'il ne s'agissait point en France de *révolution*; que la grande majorité des citoyens était sincèrement attachée au maintien de ce qui existe, et que la manifestation de l'opinion ne pouvait avoir d'autre but que la crainte d'une *révolution*, c'est-à-dire, du renversement de l'ordre de choses actuel, de l'oubli des principes constitutionnels, ou, en d'autres termes, de l'établissement du système des priviléges.

Si ces craintes existaient en effet; si la sécurité de l'avenir était troublée par de sinistres pressentimens, à qui faudrait-il attribuer cette calamité publique? Serait-ce aux hommes qu'on désigne sous le nom de libéraux? Ne font-ils pas tous leurs efforts pour conserver le gouvernement représentatif dans son intégrité? Ne cherchent-ils pas, par tous les moyens possibles, à diriger l'opinion publique dans le sens des institutions constitutionnelles; à familiariser tous les esprits avec les maximes d'une sage liberté; à présenter l'arbitraire comme le fléau des peuples et des gouvernemens?

Les hommes exagérés que nous ne cessons de combattre peuvent-ils se présenter avec les mêmes titres à l'examen de la raison. N'ont-ils point à se reprocher de dangereuses déclamations? Les espérances qu'ils expriment dans leurs journaux et dans leurs pamphlets, ne sont-elles pas trop souvent de nature à faire naître ces inquiétudes, à exciter ces alarmes dont l'expression leur paraît coupable et séditieuse? Combien de fois ne se sont-ils pas opposés aux conséquences naturelles des principes sur lesquels la Charte est fondée! Leurs apologies passionnées d'un passé irrévocable ne sont-elles pas la satire la plus amère de l'époque actuelle? Ne repoussent-ils pas avec une sorte de dédain tout ce que la révolution a produit d'honorable et de glorieux pour le nom français? Peuvent-ils s'étonner des défiances qu'ils font leur étude et leur joie de susciter et d'entretenir?

Si nous voulions appuyer ces réflexions par des faits, si nous voulions citer des exemples, nous n'aurions que l'embarras du choix; mais ce serait un soin superflu: le public sait à quoi s'en tenir à cet égard. Il n'a point oublié ces productions calomnieuses et incendiaires qui ont si efficacement contribué à l'agitation des esprits. Si la responsabilité des événemens devait tomber sur un parti, nul doute qu'au tribunal de la justice et de la raison, cette responsabilité ne fût supportée par les hommes dont les vœux et les intérêts sont en opposition avec les intérêts et les vœux de la nation.

Comment se fait-il donc que ces hommes qui méritent tant de reproches, se fassent aujourd'hui accusateurs ; qu'ils ressassent incessamment leurs vieilles calomnies de *révolutions* et de *révolutionnaires*, comme si le peuple était plongé dans une stupide ignorance, comme s'ils pouvaient espérer d'imposer silence aux bons citoyens, comme si la raison publique n'était pas assez éclairée pour démêler les motifs secrets de leur conduite, pour séparer la vérité du mensonge?

Ne serait-ce pas une nouvelle illusion de leur part, de considérer l'autorité comme un instrument docile entre leurs mains ; de croire qu'on leur laissera le champ libre, qu'ils pourront attaquer les hommes, dénaturer les choses ; et poursuivre leurs funestes projets sans résistance et avec impunité? Ne sait-on pas que le pouvoir dominé par une faction ne pourrait rien ; ni pour sa propre conservation, ni pour l'intérêt public dans lequel il est institué? Cette vérité ne saurait être long-temps méconnue des gouvernemens qui doivent par-dessus tout désirer le maintien de l'ordre et la stabilité des institutions.

Quelqu'apparence d'exultation qui se fasse remarquer dans le langage de nos ultras, ils ne sauraient se dissimuler à eux-mêmes qu'ils produisent sur l'opinion un effet tout contraire à celui qu'ils attendaient. Ils savent que leurs tentatives sont insuffisantes pour tromper les citoyens ; et il n'est pas difficile d'apercevoir au milieu de leurs joies calculées, le sentiment de leur impuissance et le désappointement de leurs prétentions.

Comme j'étais bien sûr d'avoir respecté, dans l'article qu'on vient de lire, « *la morale, la* » *religion, la Charte et la monarchie,* » qu'aucun individu ne s'y trouvait personnellement offensé; comme je savais qu'il était prescrit aux jaugeurs de la pensée « *de laisser dire tout ce* » *qui est utile dans le but légitime des écri-* » *vains, d'après leur propre jugement, et quel-* » *que opinion qu'en aient les censeurs,* » j'étais tranquille sur le sort de cet article, et je ne fus pas médiocrement surpris, lorsqu'on me renvoya l'épreuve marquée à *l'encre rouge* de proscription. On n'avait pas épargné le moindre paragraphe : après quelques réflexions sur les hommes et sur les choses, ma surprise cessa.

Non-seulement il est défendu de repousser, avec indépendance, les calomnies des écrivains ultra-royalistes, mais en dépit de tout ce que M. Siméon a pu dire à la tribune, l'encre rouge frappe d'anathème des opinions purement spéculatives sur les institutions sociales. En voici un exemple trop singulier pour être passé sous silence. Il s'agit des droits des communes.

On convient généralement que, sous un gouvernement constitutionnel, les communes doivent être au moins aussi libres qu'elles l'étaient sous le régime féodal. Qui oserait aujourd'hui défendre le système actuel d'organisation des communes, lorsqu'il est si clair qu'elles sont moins raisonnablement constituées qu'au quatorzième siècle, ou, pour mieux dire, qu'elles ne sont pas constituées du tout? En effet, pour qu'une association politique soit constituée, il faut qu'elle ait en elle-même un principe de vie, de volonté et d'action. Or, quel est ce principe? C'est la délibération; l'élection est son résultat. C'est donc par l'élection seule que peut se manifester la vitalité de la commune, si l'on peut s'exprimer ainsi. Sans élection, la commune est presque inanimée; elle n'est qu'une agglomération d'habitans sans union, sans lien politique, recevant le mouvement d'une force étrangère, et ne pouvant se mouvoir spontanément.

Ici, nous nous rencontrons, jusqu'à un certain point, avec plusieurs des plus déterminés adversaires de nos principes; et c'est une assez rare singularité. Mais ce qui est bien plus singulier, c'est qu'ils se prétendent les uniques partisans de la liberté des communes. Ils se donnent l'air d'être ses défenseurs par excellence, et ils font abnégation de la bonne foi au point de nous représenter comme très-opposés à une réorganisation municipale. Les hommes impartiaux qui lisent *le Constitutionnel*, savent à quoi s'en tenir à cet égard, et nous nous en référons à leur jugement. Nous nous sommes assez souvent élevés contre la centralisation bureaucratique et contre la trop grande influence du gouvernement et de la capitale, pour qu'on puisse douter de notre opinion. Cependant il faut bien nous entendre, et nous ne serons pas tout-à-fait d'accord avec les écrivains ultrà-monarchiques. Ceux-ci demandent, il est vrai, que les communes soient affranchies de l'autorité ministérielle ; mais ils veulent lui substituer l'influence de la grande propriété. Ils désirent que les affaires municipales soient soustraites à l'omnipotence des bureaux de Paris : fort bien, mais c'est pour les soumettre à une juridiction oligarchique. Ils veulent que les maires ne soient pas des agens subordonnés des sous-préfets et des préfets ; mais ils voudraient en faire de petits seigneurs. Ils sont très partisans de nos conseils actuels de département, choisis par les préfets dans les *grandes notabilités territoriales.* Ils ne rêvent qu'au rétablissement des corporations, des substitutions, des majorats ; ils songent à reconstituer l'influence et le patronage des grandes maisons. Quant à l'élection des maires, ou même quant à la présentation de candidats, ils n'en parlent pas du tout. Assurément de tels hommes sont loin d'entendre le système municipal comme nous l'entendons.

Si l'on devait juger des intentions du ministère par les suppressions de la censure, on croirait que les ministres se sont faits les instrumens de la contre-révolution, et que nous touchons à une époque de dissolution sociale ; car les censeurs paraissent avoir pris sous leur protection tout ce qui peut dénaturer le gouvernement représentatif, tels que les majorats, les corporations, l'asservissement du commerce, de l'industrie, de la petite propriété. Ils accordent une complaisance sans bornes aux propagateurs des idées les plus subversives de l'ordre actuel ; mais on vient de voir qu'on ne peut invoquer une organisation populaire des communes, sans tomber sous le fatal ciseau. Voilà comment les opinions sont ménagées, voilà de quelle manière nos censeurs royaux entendent la liberté de discussion.

Je ne m'étendrai pas sur la tactique qu'ils emploient pour donner cours aux publications qui flattent leurs préjugés, ou qui attaquent des citoyens recommandables. Ils permettent à certains journaux de rendre compte de ces ouvrages dans leur sens, d'attirer sur les plus misérables écrits l'attention publique, tandis qu'ils empêchent les feuilles libérales d'éclairer l'opinion et de réfuter les calomnies ; leur vigilance poursuit même les simples annonces. Le *Constitutionnel* n'a pu dire que M. d'Argout, pair de France, avait publié une réponse *vigoureuse* à M. Clausel de Coussergues ; l'adjectif souligné fut impitoyablement proscrit. L'on avouera sans peine que l'inquisition de la pensée ne saurait guères aller plus loin. La censure de la Sorbonne était mille fois plus accommodante que celle de M. Siméon.

Ce qui paraît incompréhensible, c'est la bizarre conduite de la censure envers les membres de la Chambre législative. Tous les députés libéraux ont été accueillis dans les départemens avec des témoignages flatteurs d'estime et de reconnaissance. On leur a donné des fêtes, des dîners; on les a remerciés du zèle et du talent avec lesquels ils avaient soutenu la bonne cause : c'était une joie universelle. Les détails de ces fêtes sont arrivés à Paris; mais la publication en a été interdite, hors quelques cas particuliers qui ont obtenu grâce devant les censeurs; et c'est en cela que consiste la bizarrerie. On a pu dire, avec permission, que certains députés avaient été fêtés dans leurs départemens; mais il a été défendu d'apprendre au public que M. de Saint-Aignan avait assisté, le 21, à un dîner de cinq cents couverts, que les habitans de Nantes s'étaient fait un plaisir de lui donner. J'ignore ce qu'il peut y avoir de séditieux dans cette nouvelle, et quel grave inconvénient peut résulter d'un fait aussi simple et aussi naturel. Il paraît qu'un dîner breton a une toute autre importance politique qu'un festin de Picardie, ou un banquet champenois. La censure voit aussi de très-mauvais œil les dîners de Bourgogne, quoique le vin n'y soit pas mauvais, et que les convives s'y distinguent par l'esprit et la gaieté. Mais qu'a donc fait l'honorable M. Paccard, pour qu'on ne puisse publier, dans un journal, les détails suivans, sans s'exposer à être traduit devant le tribunal de police correctionnelle pour contravention à la censure?

C'EST le 5 septembre que s'est donné à Châlons-sur-Saône le grand dîner dont nous avons parlé dans un des derniers numéros du *Constitutionnel*; environ quatre cents personnes y ont assisté. Ce festin avait pour but de célébrer l'anniversaire d'une ordonnance à jamais célèbre, et d'offrir au vénérable M. Paccard l'hommage de la reconnaissance publique. M. Caumartin, né à Châlons-sur-Saône, l'un des bienfaiteurs de cette ville, et qui vient d'y fonder une école gratuite de dessin, était au nombre des convives, parmi lesquels se trouvaient un grand nombre d'électeurs de tous les arrondissemens. Dans le lieu le plus apparent du festin était placé le buste de S. M. Au-dessous on avait inscrit ces mots : *le Roi et la Charte.* La santé du Roi et de son auguste famille a été portée par M. Paccard en ces termes : *Au Roi, auteur de la Charte !*

Vers la fin du dîner, le vénérable curé de Saint-Pierre, M. Olivier, s'est présenté dans la salle ; à son aspect, l'enthousiasme a été général. Qu'il est digne de respect le ministre de l'Évangile que l'esprit de parti ne saurait atteindre ! Il venait demander la part des pauvres ; aussi la collecte a-t-elle été abondante. Le digne pasteur a appelé les bénédictions du ciel sur l'assemblée, et cette alliance de la religion, de l'humanité et du patriotisme, a vivement ému les cœurs.

Au même instant, douze cents livres de pain étaient distribuées aux indigens. Les santés de MM. Paccard et Caumartin, et de tous les députés fidèles à leurs sermens, ont été portées avec un enthousiasme difficile à décrire. Les détails que nous publions nous sont transmis par les commissaires du banquet.

Je le demande : dans un pays qui se flatte de n'être pas soumis au despotisme, n'est-il pas honteux pour la nation, qu'il existe une autorité qui puisse défendre d'annoncer les justes hommages rendus au monarque constitutionnel, de faire l'éloge d'un vénérable ecclésiastique pénétré des devoirs de son ministère, et qui les remplit avec une si touchante sollicitude? Je me hâte d'abandonner cette idée, qui donnerait peut-être à mon langage plus d'amertume que je ne le voudrais. Si l'on pouvait savoir tout ce que j'éprouve à ce sujet, on me saurait quelque gré de cette retenue.

S'il n'est pas permis aux Français de savoir ce qui se passe dans leur propre pays, on se doute bien, et l'on a déjà eu la preuve, qu'ils ne sont guère mieux instruits de la situation réelle des affaires dans les pays étrangers. J'en ai sous les yeux de nombreux exemples; je n'en choisis qu'un, parce que l'article dont je veux parler, article que *le Constitutionnel* n'a pu donner au public, est plein d'impartialité, de modération et de sagesse.

On lit, dans une feuille imprimée à Naples, les détails suivans, sur les causes qui ont accéléré la révolution opérée dans ce royaume :

« La révolution politique que la nation napolitaine vient d'opérer si heureusement est le résultat le plus évident du progrès des lumières et de la civilisation. Nous sommes libres ; et si le noble enthousiasme qui nous a électrisés ne s'affaiblit pas, si la modération dont nous avons donné tant de preuves dans les circonstances difficiles où nous nous sommes trouvés, ne nous abandonne pas, nous serons libres à jamais. Nos droits ont été revendiqués, et nous avons été réintégrés dans leur possession. Des siècles de barbarie et de despotisme nous les avaient tellement fait oublier, qu'aujourd'hui même nous en connaissons à peine les limites ; craignons d'en abuser dans le premier essai. Heureusement la liberté de la presse est devenue la garantie de la liberté politique. Pour nous rendre cette liberté odieuse, les partisans du pouvoir absolu nous avaient montré la presse comme l'instrument de la diffamation et la source des pamphlets incendiaires : comme si les lois répressives ne devaient pas veiller au maintien de l'ordre public ! comme si la liberté elle-même, semblable à la lance d'Achille qui guérissait les blessures qu'elle faisait, n'offrait pas un remède au mal qu'elle pourrait occasionner ! Ne craignons donc pas d'user de cette liberté, mais employons-la à faire connaître des vérités utiles au gouvernement et à la nation.

» Depuis long-temps la voix du peuple s'élevait contre les anciens ministres ; des cris confus demandaient de toutes parts leur renvoi : aujourd'hui même on les attaque encore par des écrits inconsidérés, et les personnalités les plus rebutantes viennent révolter les hommes honnêtes ; c'est ainsi que les meilleures causes peuvent se perdre avec de mauvais défenseurs. Examinons avec la plus sévère impartialité la conduite de l'ancien ministère.

» Après le démembrement du vaste empire des Français, *notre monarque* nous fut rendu, et reprit les rênes du royaume. Long-temps absent, il revint entouré d'une foule de Siciliens et de Napolitains, qui s'empressèrent de demander le prix des services qu'ils avaient rendus à la famille royale, soit en l'accueillant en Sicile, soit en allant au-devant d'elle sur le continent ; c'est cet entourage qui fut la cause de notre oppression.

L'ancien ordre des choses avait été changé pendant l'absence du roi ; la science du gouvernement s'était améliorée, les pouvoirs étaient mieux définis, les lois administratives étaient plus libérales, le code civil était plus clair, le code criminel plus humain, la loi sur l'enregistrement moins oppressive. Les ministres Medici et Tommasi, que le roi plaça à la tête du gouvernement, furent assez clairvoyans pour connaître ces vérités, et assez forts pour conserver les institutions les plus sages que le gouvernement des Français avait établies chez nous ; mais les Siciliens et les Napolitains venus de la Sicile, et cette nuée de courtisans avides de places, étrangers à ce nouvel ordre de choses, ne cessaient de faire entendre leurs clameurs autour du trône, qui ne pouvait raisonnablement accueillir leurs vœux inconsidérés. Rebutés enfin de la persévérance du roi, ils formèrent la plus terrible des conjurations. Il ne s'agissait rien moins que de tout détruire pour créer de nouveau : un fameux révolutionnaire se plaça à la tête de ce parti insensé, et, prêchant partout des maximes sanguinaires, il voulait renverser l'ordre établi, attenter même jusqu'au trône, et sacrifier tous ceux qui occupaient des emplois.

» Le ministre Medici déconcerta cet horrible plan, et l'on doit à la vérité de dire que si la guerre civile n'a point dépeuplé alors nos provinces, si les horreurs de 99 ne se sont pas renouvelées dans nos villes, si notre souverain règne encore paisiblement, et s'il n'a point perdu l'amour de ses sujets, c'est à ce ministre que nous le devons.

» Dès cet instant, ce même ministre, dans la crainte de perdre sa place ou sa vie, crut devoir se liguer avec le ministre de la justice et le général en chef, pour former une barrière inexpugnable autour du trône. Ainsi s'établit ce terrible triumvirat, créateur et consolidateur du despotisme ministériel qui devait peser sur tout le royaume. Dès-lors tout changea de face ; la monarchie la plus libérale dégénéra bientôt en une oligarchie arbitraire. Les triumvirs commencèrent à protéger, à flatter le parti qui leur avait naguères causé tant de craintes ; un peu plus tard, ils firent alliance avec ces mêmes hommes ; et comme il leur fallait conserver leur empire sur la nation, ils absorbèrent toutes les affaires, ils s'emparèrent de toute l'autorité, et régnèrent par la violence.

» Insensiblement les emplois publics cessèrent d'être

l'apanage du mérite, et furent donnés aveuglément aux intrigans. Des hommes ineptes furent placés à la tête des administrations, et le gouvernement semblait se complaire à récompenser des courtisans, sans craindre de mécontenter le peuple.

» Dans la magistrature, on vit présider les cours de justice par des hommes qui se vantaient de ne jamais avoir lu nos codes. On nomma pour juges d'arrondissement d'anciens gouverneurs royaux aussi ignorans militaires que mauvais administrateurs. La justice ne tarda pas à devenir vénale, et, sous des lois très-libérales, on voyait régner la tyrannie la plus oppressive.

» Dans l'ordre administratif, on choisit les intendans et les sous-intendans dans la classe des nobles, ou d'anciens militaires, tous également étrangers aux hautes fonctions qu'ils devaient remplir. Leurs agens et leurs subalternes dominaient, et, de concert avec leurs supérieurs, opprimaient les peuples, et étouffaient les cris qu'arrachaient leurs vexations.

» Dans la milice, c'était pire encore : les grades militaires étaient prodigués à des hommes qui n'avaient aucune connaissance, ni théorique, ni pratique, de l'art de la guerre. Ceux qui comptaient des services actifs, des campagnes, des blessures, étaient mis de côté. Les sous-officiers, quels que fussent leurs talens, n'avaient plus aucun espoir d'avancement. Le général en chef, au lieu d'être le protecteur des soldats, les rendait misérables par des économies mal entendues, mais dont il espérait être récompensé.

» Tous les nouveaux employés, indépendamment de leur ignorance, étaient, par instinct, les ennemis de l'ordre existant, qu'ils étaient cependant appelés à faire respecter. L'anarchie régnait dans tout le système, et le peuple en souffrait.

» La tolérance accordée aux opinions n'existait plus : on commençait à opprimer les citoyens pour leurs opinions, on les forçait imprudemment à se jeter dans les sectes et les sociétés secrètes, et la police, s'éloignant de son but primitif, qui était le maintien de l'ordre, devint l'instrument de la tyrannie.

» Les finances, enfin, étaient en proie à tous les désordres. La plus grande parcimonie se faisait sentir dans les dépenses ; on lésinait sur tout, et cependant on avait ôté aux conseils-généraux des provinces le droit de répartir l'impôt foncier : ainsi, les recettes de l'État étaient un ministère, et le public, toujours enclin à l'exagération, ne voyait, dans ce système, qu'un moyen de tout engloutir et de ne rien restituer : le spectacle de quelques fortunes improvisées rendait plus pénible encore le sentiment de la misère publique.

» Tels étaient les maux enfantés par le despotisme ministériel; despotisme qui se communiquait hiérarchiquement dans toutes les classes d'employés, et qui rendait le joug du peuple cent fois plus pesant. Tels étaient les graves sujets de mécontentement qui ont déterminé la chute de ce ministère, et avec lui la régénération du peuple napolitain.

» Rendons-nous dignes maintenant de la liberté que nous venons de reconquérir ; justifions aux yeux de l'Europe notre noble entreprise ; apprenons à faire un bon usage de la liberté de la presse, censurons les ministres sans les insulter ; obligeons-les à nous gouverner par de bonnes et sages institutions ; faisons connaître la vérité au prince, puisque nous en avons les moyens, et apprenons aux ministres à respecter la nation. »

Je dois pourtant rendre justice aux censeurs royaux, et cette concession ne me coûte rien. Ils ont saisi une occasion solennelle, le procès ignominieux de la reine d'Angleterre, pour nous donner la preuve la plus satisfaisante que leurs fonctions n'étaient utiles, ni à la morale publique, ni aux mœurs privées, et qu'ils n'étaient inspirés que par l'esprit intolérant et aveugle de parti. C'est le seul service qu'ils nous aient rendu; mais il est important et mérite quelque reconnaissance. Tandis qu'ils supprimaient des faits positifs, des réflexions politiques, sages et modérées, ils autorisaient la publication des particularités les plus scandaleuses, les plus révoltantes de la procédure inouie qui expose un roi et une reine à la honte et au ridicule. Les révélations les plus obscènes du signor *Non mi ricordo*, les remarques luxurieuses de *l'aimable et sentimentale* mademoiselle Dumont, les grossiers et dégoûtans propos de maçons, de valets d'écurie, de marmitons, importés à grands frais pour déposer contre la reine Caroline; les détails des privautés licencieuses de la princesse avec Bergami, remplissaient les colonnes de nos journaux, avec l'approbation et la griffe de la commission royale de censure. Pendant long-temps, un père, une mère de famille ont été obligés de soustraire les feuilles quotidiennes aux regards de leurs enfans. On s'occupait trop de M. Paccard, de M. Saint-Aignan et des autres députés constitutionnels, pour penser aux intérêts de la morale.

J'ai peut-être insisté trop long-temps sur la censure; le ridicule s'attache à cette espèce d'inquisition; et si les effets en étaient moins funestes, on surmonterait difficilement le dégoût qu'inspire un tel sujet. Mais lorsqu'on pense que le résultat principal de la censure telle qu'on l'exerce aujourd'hui, est de tenir la nation dans l'ignorance des faits qu'il lui importe le plus de connaître, d'accréditer les bruits les plus extraordinaires, les plus sinistres, on est forcé de gémir sur l'aveuglement d'un ministère que tant d'expériences réitérées n'ont pu éclairer. Que d'étranges rapports ont circulé dans ces derniers temps, et ont reçu quelque crédit précisément parce que les journaux étaient muets! On a annoncé des coups-d'État, des mesures extrêmes, la suspension même de la Charte; et l'on ne manquait pas de dire: « Il faut que cela soit vrai; car il est défendu aux journaux d'en parler. »

Cependant la sagesse du Roi, l'intérêt même du gouvernement, nous servent de garantie contre ces expédiens politiques qui, en mettant les peuples hors de la loi, ne sont autre chose qu'une anarchie ou une tyrannie révolutionnaire. Le simple bon sens suffit pour comprendre que l'administration serait frappée de mort si, par exemple, on détruisait (1) la plus utile de nos institutions fondamentales, la Chambre des députés. Un budget librement discuté et voté est indispensable pour la levée des impôts; les percepteurs de contributions établies sans le consentement des mandataires du peuple, n'auraient le droit d'exercer aucune contrainte; toute exaction de ce genre serait un vol public, et la résistance un droit légitime. Personne n'ignore cette vérité. Le vote libre de l'impôt est la base et la sauve-garde du gouvernement représentatif. Mais pourquoi s'amuser à combattre une chimère? Il est impossible qu'une pareille idée se soit présentée à quelque

(1) Il ne faut pas confondre la destruction avec la dissolution. Celle-ci fait partie des droits constitutionnels de la royauté. La réflexion est toute simple, mais il y a des temps où l'on est réduit à prévenir les interprétations même les plus extravagantes.

homme d'État que ce soit; elle a pu naître dans le cerveau exalté de quelque enfant perdu du parti aristocratique; mais on ne croira jamais qu'elle ait été discutée sérieusement. Suspendre la Charte et conserver l'ordre, c'est comme si l'on enlevait les fondemens d'un édifice avec l'espoir qu'il resterait debout.

En cherchant ce qui a pu donner naissance à toutes ces fictions, on ne doit pas oublier les violens conseils de quelques écrivains impétueux qui demandent à grands cris « *des mesures de vigueur*, » qui conjurent le gouvernement « *de frapper fort et de frapper vite.* » Comme la censure n'oppose aucune résistance à ces menaçantes exhortations, qu'elle en autorise même la publication, on a pu croire qu'on voulait, suivant l'expression consacrée, « *tâter l'opinion*, » et savoir jusqu'à quel point on peut compter sur la patience des Français. Quant à moi, je pense que c'est une erreur; j'aime mieux croire que la censure avait épuisé l'encre de suppression sur les feuilles constitutionnelles, ou qu'elle se trouvait dans cet état d'assoupissement que la lecture de certains journaux manque rarement de produire. Ce n'est pas une chose indifférente que le sommeil d'un censeur.

J'observerai en passant que le système des factions est toujours le même. C'est avec les grands mots « *de salut public, de sûreté de l'État ;* » c'est en précipitant le pouvoir dans les mesures extrêmes, qu'elles s'efforcent d'atteindre leur but. « *Frapper fort et frapper vite* » est la maxime de tous les révolutionnaires, quelque masque qu'ils choisissent, quelques couleurs qu'ils arborent. Les mots ne font rien à la chose. L'injustice, la tyrannie, qui se couvriraient du manteau de la légitimité, seraient aussi déplorables, aussi criminelles que si elles abusaient, pour couvrir leurs fureurs, du nom sacré de liberté. Nous sommes trop clairvoyans pour tomber dans les piéges du langage, et le personnage de Tartuffe est aujourd'hui le rôle le plus difficile à jouer sur la scène politique.

Il est évident que le parti ultrà-royaliste s'efforce par tous les moyens qui sont en son pouvoir d'ébranler la confiance publique dans la stabilité des institutions ; il est prouvé que s'il existe des inquiétudes réelles, c'est à ses organes qu'il faut s'en prendre, autant qu'au système indécis, à la marche mal assurée du ministère ; et toutefois, les Français constitutionnels, les libéraux, sont en butte à tous les reproches, à toutes les calomnies. S'il se fait quelque découverte de conspiration, vraie ou fausse, l'occasion est saisie avec ardeur ; on accuse le parti libéral qui ne conspire point, qui attend de la force des choses, de l'énergie de l'opinion, de l'exercice des droits publics, de l'intérêt même du trône, l'établissement définitif de la liberté. Il a, dit-on, existé une conspiration qui avait pour objet d'appeler au trône le fils de Napoléon. La Chambre des pairs est saisie de cette affaire, sur laquelle nous n'avons encore que des renseignemens incertains. Tout-à-coup, on a crié : « *A la conspiration libérale.* » Et la censure ne s'est pas réveillée à ce cri accusateur.

Supposer que les amis de la Charte, supposer que les Français les plus sincèrement attachés à l'indépendance et à l'honneur de leur patrie, eussent conçu l'idée de placer un enfant élevé à Schoenbrunn, sur le trône constitutionnel, de soumettre ainsi les destinées de la nation à l'influence autrichienne, est sans doute le comble de l'absurdité. On nous parle aussi des partisans de Napoléon, comme si sa carrière politique n'était pas terminée. En rendant justice à son génie militaire, en avouant qu'il a élevé les armes françaises au plus haut degré d'illustration, en lui accordant même quelques parties de l'homme d'État, on convient que l'instinct du despotisme, l'habitude de l'obéissance passive des camps le rendaient incapable de régir un peuple libre. Il ne comprenait rien que la force matérielle; quand elle lui a manqué, tout s'est écroulé sous lui. Son *acte additionnel* lui a fait plus de mal que la bataille de Waterloo. Il voulut être l'homme du destin, il valait mieux être l'homme du peuple. La nature s'est trompée en faisant naître ce grand capitaine, dans un siècle éclairé par la philosophie, chez une nation pressée du besoin de la liberté. Quelques siècles plus tard, il eût pu commencer la civilisation par la gloire. De nos jours, la gloire ne peut être que la décoration, et non le fondement de la société. Je crois fermement que c'est à tort qu'on nous menace d'un parti *bonapartiste*. Si la reconnaissance due à de si grands bienfaits intéresse plus spécialement quelques Français à la destinée de Napoléon, ce n'est point là un parti; ces mêmes Français n'en sont pas moins citoyens, moins attachés à la monarchie constitutionnelle, moins amis des lois et des libertés nationales.

Croit-on rendre un grand service à la dynastie des Bourbons, en représentant, comme ses ennemis, tous les hommes attachés au gouvernement représentatif, qu'on désigne sous le nom de libéraux, c'est-à-dire, l'incontestable majorité de la nation? Une telle calomnie peut servir les desseins d'une faction; mais il me semble que cette calomnie ne saurait être trop sévèrement réprimée, et si la censure avait le sens commun, c'est là ce qui devrait exercer sa sollicitude. Les libéraux ne séparent point la Charte du Roi. Le bienfait les attache au bienfaiteur; seulement, ils voudraient jouir pleinement du bienfait; leur reconnaissance et leur attachement s'accroîtraient encore. Ce n'est point là le langage de la flatterie, c'est celui de la vérité; il s'adresse à un monarque digne de l'entendre. Il faut bien le dire, les lois d'exception n'ont de partisans que ceux auxquels elles sont utiles, soit pour cacher leurs fautes, soit pour servir leurs passions, soit pour perpétuer leur pouvoir. Jamais rien de bon n'est sorti de l'arbitraire.

Parmi les reproches qu'on adresse aux libéraux, il en est un qui me paraît bien fondé; et comme par-dessus tout j'aime la vérité, je ne ferai point scrupule d'en convenir. Cette preuve de franchise me coûtera peu d'efforts;

et quelque surprise que j'éprouve de me trouver une fois d'accord avec les partisans des idées ténébreuses, je ne reculerai point devant l'accusation. On reproche aux libéraux d'exercer une grande influence sur l'opinion : l'observation est juste; il faut passer condamnation sur ce point; seulement je prendrai la liberté d'expliquer la chose. Elle mérite quelque attention.

Les amis des doctrines constitutionnelles influent puissamment sur l'opinion, on ne saurait le nier; et comme on veut qu'il existe des comités directeurs, j'ajouterai même qu'ils la dirigent. La censure a beau s'évertuer, elle n'y peut rien; les journaux du parti opposé sont dans la même impuissance. Après s'être consumés en dissertations, en déclamations, en sophismes, pour accréditer leurs systèmes, ils se retrouvent au point d'où ils étaient partis. Ils roulent péniblement le rocher jusqu'au haut de la montagne, il retombe toujours. C'est du bruit qu'ils font, et rien que du bruit. On peut comparer leur langage à de la musique sans paroles, excepté qu'il y manque l'harmonie. D'où vient cela? Est-ce défaut d'esprit, ou manque de talent? Non, sans doute; c'est parce qu'ils se servent d'un langage étranger, et qu'ils n'expriment que des idées qui sont sorties depuis long-temps du domaine de l'intelligence. Ils parlent gaulois à des Français. Leurs maximes empruntées au treizième siècle, l'inanité de leurs exagérations, produisent peu d'effet. Ils ne peuvent avoir d'action sur les esprits. On ne comprend que leurs injures ou leurs menaces, et rien n'est moins séduisant que les menaces et les injures.

Il n'en est pas de même des écrivains constitutionnels. Quelques moyens qu'on ait pris pour les réduire au silence, ils prennent de temps en temps la parole, et leur triomphe est assuré. On les écoute parce qu'ils développent leurs pensées avec clarté et avec franchise; on les comprend, parce que tout est vrai, tout est naturel dans leurs discours ou leurs écrits. Les principes qu'ils professent sont dans tous les esprits; les sentimens qu'ils expriment, dans tous les cœurs; ils ne font que révéler à chacun ce qu'il sent ou ce qu'il pense. Voilà le secret de leurs succès. Ils ne demandent à leurs auditeurs que de la raison, à leurs lecteurs que du bon sens. Lorsqu'ils défendent les intérêts généraux, lorsqu'ils invoquent les droits de l'humanité, qu'ils s'élèvent avec une vertueuse indignation contre l'arbitraire, qu'ils appellent la confiance de leurs concitoyens sur le mérite et le patriotisme, ils sont certains d'être entendus. Jamais influence ne fut moins douteuse, jamais elle ne fut plus utile à la société.

Tel est le pouvoir de la raison, l'ascendant du patriotisme sur la grande majorité des Français, que malgré tous les efforts, toutes les agitations des hommes du pouvoir; quoique les routes soient aujourd'hui couvertes de préfets et de sous-préfets qui se croisent dans tous les sens, et se rendent en toute hâte à leur poste, chargés du poids des élections, le résultat de ces mêmes élections ne peut être douteux, si du moins les amis de la Charte, les libéraux ne se manquent pas à eux-mêmes. Avec de l'union et du courage, ils sont assurés du succès. Qu'ils regardent autour d'eux; qu'ils réunissent leurs choix sur des citoyens incapables d'abandonner la cause nationale, de livrer la fortune publique en proie à l'ineptie ou à la cupidité; de transiger avec leur conscience dans tout ce qui intéresse la probité, l'honneur, la liberté, l'indépendance de la nation; sur des hommes également ennemis de l'anarchie et du despotisme, sentinelles vigilantes des intérêts réels de la monarchie constitutionnelle; qu'ils méprisent les menaces, les insinuations et les moyens de séduction qui ne peuvent atteindre que la lâcheté ; qu'ils paraissent tous sans exception dans les divers colléges : ils peuvent compter sur la victoire, et sur la reconnaissance de leurs concitoyens. Le repos de l'État, la sûreté des nouveaux intérêts, la certitude d'un avenir exempt d'orages, le juste espoir de l'affermissement des institutions libres, seront les fruits, les heureux fruits de leur zèle et de leur persévérance. Quels plus nobles motifs pourraient les animer !

L'un des plus grands avantages du gouvernement représentatif, ce qui prévient les révolutions subites, ce qui rend les conspirations impossibles ou sans danger réel, c'est qu'il offre tous les moyens d'arriver aux améliorations nécessaires, sans secousses et par le seul effet de ses institutions. Cette consolante pensée soutient les peuples dans l'adversité; elle leur fait supporter patiemment les fautes ou les erreurs du pouvoir, elle empêche qu'ils ne se livrent à ce désespoir de l'avenir, funeste avant-coureur des convulsions politiques et de la chute des gouvernemens. Dans une monarchie constitutionnelle, le mal est transitoire, l'arbitraire lui-même n'y tient par aucune racine; il suffit de faire de bons choix dans les élections pour regagner en un jour le terrain perdu pendant plusieurs années, pour faire rentrer le ministère dans les voies faciles de la justice, pour corriger les vices des mauvaises lois, pour rendre l'industrie, le commerce florissans, pour consolider la paix au-dedans et au-dehors.

Le mal-aise qu'éprouve la France, les inquiétudes qui l'agitent, peuvent aisément disparaître. Il ne faudrait pour obtenir cet heureux résultat qu'un ministère qui voulût franchement administrer dans le sens des intérêts nationaux, et une majorité constitutionnelle dans la Chambre des députés. Le rapport des lois d'exception, source de regrets et de mécontentement, la proposition des lois organiques qui nous manquent, fondées sur les principes de la Charte, rétabliraient à la fois la confiance et le repos. Peut-être même les partisans des choses passées, convaincus de l'inutilité de leurs efforts, de la vanité de leurs espérances, consentiraient-ils à partager la félicité commune, à souffrir une égalité de droits qui les blesse et qui devrait les honorer. La nation française s'est illustrée par la victoire; elle a gagné ses titres de noblesse sur les champs de bataille; elle est grande dans les arts de la paix comme dans ceux de la guerre. Qui voudrait changer le titre de citoyen français contre celui de gentilhomme?

Les réflexions qu'on vient de lire ont été écrites sans amertume comme sans préventions; je n'ai eu d'autre but que d'éclaircir quelques faits, d'indiquer l'origine des malheurs qui menacent l'Europe, de prouver que la situation intérieure de la France, quelque pénible qu'elle soit, est loin d'être désespérée; de venger la nation des calomnies dont elle est l'objet, et d'engager les ministres à ouvrir des yeux trop long-temps fermés. Cependant, quelle que soit la pureté des motifs qui m'ont décidé à rompre le silence dans ces temps difficiles, je ne suis pas bien sûr qu'un procureur du Roi, un peu expert dans la théorie des interprétations, ne trouvât dans cet écrit « le délit *d'attaque formelle contre le pouvoir constitutionnel du Roi et des Chambres*, et le délit *de provocation à la désobéissance aux lois*, » formules banales qui sont d'un merveilleux secours pour dissimuler la frivolité d'une accusation. Je ne sais quel théologien ultrà-catholique s'offrait à extraire du *Pater noster* quelques propositions sentant l'hérésie. Un casuiste ultrà-monarchique aurait moins de peine encore à découvrir dans une page libérale des propositions séditieuses; et je ne suis pas assez présomptueux pour croire qu'il y ait plus d'innocence dans le présent écrit que dans l'Oraison évangélique.

FIN.

www.ingramcontent.com/pod-product-compliance
Ingram Content Group UK Ltd.
Pitfield, Milton Keynes, MK11 3LW, UK
UKHW031959260826
14628UKWH00005B/2156

9 782019 128043